50 gesunde Hunde-Leckerli
Rezepte für Hundekekse und andere leckere Snacks - Ein Kochbuch

Nina Schwarz

50 gesunde Hunde-Leckerli

Rezepte für Hundekekse und andere leckere Snacks – Ein Kochbuch

*Bibliografische Information der Deutschen Nationalbibliothek:
Die Deutsche Nationalbibliothek verzeichnet diese Publikation
in der Deutschen Nationalbibliografie; detaillierte bibliografische Daten sind im Internet über http://dnb.dnb.de abrufbar.*

© 2015 Nina Schwarz

*Herstellung und Verlag: BoD – Books on Demand, Norderstedt
ISBN: 978-3-7386-4373-2*

Vorwort

Nicht nur wir Menschen sollten auf unsere Ernährung achten, es ist genauso wichtig, auf die Ernährung unserer Hunde zu achten. Viele Fertigfutter beinhalten Nahrungszusätze, die selbst gemachte Leckerlis nicht enthalten.

Das ist es oft gut, wenn Sie eigene Hunde-Leckerlis machen. Sie haben die volle Kontrolle über das, was hinein kommt. Und vielen Hundebesitzern ist gar nicht bewusst, wie einfach es ist, eigene Rezepte zu backen. Sie brauchen nur wenige Zutaten, eine Arbeitsfläche und Keksausstecher. Die Mengenangaben sind meist in „Tassen" gehalten. Damit sind ganz normale Kaffeetassen gemeint, nicht große Becher.

Diese leckeren Rezepte werden Ihren Hund begeistern. Vielleicht schmecken Ihrem Vierbeiner nicht alle Rezepte, aber auf jeden Fall die meisten. Auch Hunde haben Vorlieben. Da gibt es ab und zu auch mal eine lange Schnauze und ein witziges Naserümpfen. Vor allem Hunde, die meist das gleiche Futter essen, müssen sich erst an andere Geschmacksrichtungen und Gerüche gewöhnen.

In diesen Rezepten wird auch Knoblauch verwendet. Aber ist Knoblauch nicht giftig für Hunde? Nein. Nicht, wenn er in kleineren Mengen gegeben wird. Hier wird meist eine Knoblauchzehe oder etwas Knoblauchpulver für ein Rezept verwendet. Daraus ergeben sich dann 12-20 Stücke an Leckerlis. Wenn Sie Ihrem Liebling also maximal 1-2 Leckerli pro Tag mit Knoblauch geben, ist dies kein Problem. Sie können aber Knoblauch auch ersatzlos aus den Rezepten streichen

Disclaimer:

Wenn Sie Ihren Hund gesünder ernähren wollen, sollten Sie nicht selbständig die Essgewohnheiten umstellen. Außerdem sollte es eine langsame Umstellung sein. Ich rate immer zu einem Gespräch mit dem Tierarzt. Er kann Ihnen, neben weiteren gesunden Rezepten, auch Ratschläge geben, ob eine Hunderasse bestimmte Ansprüche hat.

Inhalt

Vorwort 5
Disclaimer: 6
1. Käsegebäck für Vierbeiner 11
2. Alfaalfa-Herzen 12
3. Leckere Hundeplätzchen 13
4. Apfel-Leckerli für Vierbeiner 14
5. Apfel-Zimt-Küchlein für Hunde 15
6. Tierische Apfelmuffins 16
7. Tante Ernas Hundekuchen 17
8. Hundekekse aus Babynahrung 18
9. Schinken-Cracker 19
10. Schinken-Leckerli 20
11. Hunde-Bagel 21
12. Graupen-Brownies 22
13. Hunde-Eintopf 23
14. Reis- und Rindfleisch Taler 24
15. Geburtstagskuchen für Hunde 25
16. Rindfleisch-Spiralen 26
17. Hunde-Kekse 28
18. Hundeeis am Stil 29
19. Knochen à la Bonanza 30
20. Hunde-Röllchen 31
21. Wau-Wau-Plätzchen 32
22. Plätzchen für Leckermäuler 33
23. Bonbons für den guten Atem 34

24. Plätzchen: „Für meinen besten Kumpel und mich"... 35
25. Bananen-Bissen 36
26. Brownies für „süße" Hunde 37
27. Möhrenkuchen 38
28. Hundeplätzchen mit Schinkengeschmack 39
29. Hundeplätzchen mit Knoblauchgeschmack 40
30. Fleisch- und Getreidemahlzeit 41
31. Johannisbrot-Ecken 42
32. Champion-Käse-Cracker 43
33. Hundeplätzchen mit Käse und Schinken 44
34. Hundeplätzchen mit Käse 45
35. Käse-Möhren-Muffins 46
36. Hundepizza mit Käse 47
37. Hähnchen-Geburtstagskuchen 49
38. Kräftige Hähnchen-Suppe 50
39. Rinder-Eintopf 51
40. Fruchtige Hundeplätzchen 52
41. Süße Zimt-Muffins 53
42. „Göttliche" Hunde-Mahlzeit 54
43. Gaumenkitzler 55
44. Mini-Kuchen für Hunde und Katzen 56
45. Knochenplätzchen 57
46. Hundeplätzchen mit Rindgeschmack 58
47. Hundeplätzchen mit Hähnchengeschmack 59
48. Plätzchen für den Heißhunger 60
49. Gesundes Hunde-Pulver 61
50 „Knochen" mit Haferflocken 62
Extra: Hunde-Quiche 63
Weitere Bücher in Planung: 67

1. Käsegebäck für Vierbeiner

1 ½ Tassen	Weizenmehl
1 ¼ Tassen	geriebener Cheddar Käse
110 g	Margarine
1	zerdrückte Knoblauchzehe
1	Prise Salz
¼ Tasse	Milch – falls nötig

Reiben Sie den Käse in eine Schüssel und lassen Sie ihn stehen, bis er Raumtemperatur erreicht hat. Rühren Sie nun die weiche Margarine, Knoblauch, Salz und Mehl ein. Fügen Sie genug Milch hinzu, um einen Ball zu formen.

Legen Sie diesen Ball für eine halbe Stunde in den Kühlschrank. Anschießend auf einer mit Mehl bestäubten Arbeitsfläche ausrollen und in Stücke schneiden. Sie können natürlich den Teig auch mit Förmchen ausstechen. Backen Sie das Käsegebäck bei 190 Grad ca. 15 Minuten lang, bis es leicht gebräunt und knackig ist. Lassen Sie die Plätzchen auf einem Kuchengitter auskühlen.

2. Alfaalfa-Herzen

2 Tassen	Vollkornmehl
½ Tasse	Sojamehl
1 Teel.	Knochenmehl – optional
2 Teel.	Trockenhefe
1 Essl.	Lecithin – optional
½ Teel.	Salz
¼ Teel.	Knoblauchpulver
3 Essl.	Alfaalfa-Sprossen, klein geschnitten
1 Tasse	gekochten Vollkornreis
3 Essl.	Rapsöl
½ Tasse	Wasser

Mischen Sie Mehl, Knochenmehl, Trockenhefe, Lezithin, Salz, Knoblauchpulver und Alfaalfa mischen. Anschließen den Reis und das Öl hinzugeben. Gut vermischen. Fügen Sie Wasser hinzu, bis der Teig geschmeidig ist.

Den Teig anschließend auf einer mit Mehl bestäubten Arbeitsfläche ausrollen, etwa 0,5 cm dick. Stechen Sie die Plätzchen mit einer Herzchenform aus. Die Plätzchen bei 175 Grad ca. 25 Minuten im Ofen backen. Lassen Sie die Plätzchen auf einem Kuchengitter auskühlen.

3. Leckere Hundeplätzchen

2 ½ Tassen	Vollkornmehl
½ Tasse	Milchpulver
½ Teel.	Salz
½ Teel.	Knoblauchpulver
1 Teel.	brauner Zucker
6 Essl.	Rinderfett
1	geschlagenes Ei
½ Tasse	Wasser

Mischen Sie Mehl, Milchpulver, Salz, Knoblauchpulver und Zucker. Mischen Sie nun Löffel für Löffel das Fett unter. Das geschlagene Ei dazu geben. Fügen Sie genug Wasser hinzu, damit Sie den Teig zu einer Kugel formen können.

Formen Sie mit den Fingern kleine, dünne Plätzchen und legen Sie sie auf ein mit Backpapier belegtes Backblech.

Backen Sie die Plätzchen im vorgeheizten Ofen (175 Grad) ca. 25 Minuten lang. Lassen Sie die Plätzchen auf einem Kuchengitter auskühlen.

4. Apfel-Leckerli für Vierbeiner

2 Tassen	Weizenmehl
½ Tasse	Vollkornmehl
½ Tasse	Maismehl
1	Apfel, gerieben
1	geschlagenes Ei
1/3 Tasse	Pflanzenöl
1 Essl.	brauner Zucker
¼ Tasse	Wasser

Ofen auf 175 Grad vorheizen. Mischen Sie die Mehlsorten mit der Hand in einer Schüssel gut durch. Geben Sie den Apfel, das Ei, Öl und braunen Zucker hinzu. Fügen Sie das Wasser nach und nach hinzu, so dass ein glatter Zeig entsteht.

Rollen Sie den Teig auf einer bemehlten Arbeitsfläche etwa 2 cm dick aus. Stecken sie mit Förmchen die Plätzchen aus und legen Sie es auf ein Bleck mit Backpapier.

Die Plätzchen müssen nun ca. 35 Minuten backen. Dann Ofen abstellen und Ofentür für etwa 1 Stunde geschlossen halten, so dass die Plätzchen sehr knusprig werden. Die Plätzchen können Sie in einem luftdichten Gefäß aufbewahren.

5. Apfel-Zimt-Küchlein für Hunde

1 Paket	getrocknete Äpfel
1 Teel.	Zimt
1 Essl.	Tiefgefrorene Petersilie
1 Tasse	Eiswasser
½ Tasse	Mais-Öl
5 Tassen	Mehl
½ Tasse	Milchpulver
2	Eier

Zerkleinern Sie die getrockneten Äpfel mit einer Küchenmaschine, so dass Sie kleine Stückchen erhalten. Mischen Sie dann alle Zutaten in einer Schüssel zusammen, falls der Teig zu trocken ist, können Sie Wasser oder Öl hinzufügen. Rollen Sie den Teig etwa 1cm dick aus und stechen Sie Plätzchen aus. Legen Sie diese auf ein mit Backpapier ausgelegtes Blech und backen Sie sich bei 175 Grad für 20-25 Minuten, bis sie goldbraun sind.

6. Tierische Apfelmuffins

2 ¾ Tassen	Wasser
¼ Tasse	ungesüßtes Apfelmus
2 Essl.	Honig
1	Ei
1/8 Teel.	Vanilleextrakt
4 Tassen	Weizenmehl
1 Tasse	getrocknete Äpfel, in kleinen Stücken
2 Teel.	Backpulver

Heizen Sie den Ofen auf 175 Grad vor. Geben Sie in eine Schüssel Wasser, Apfelmus, Honig, Ei und Vanilleextrakt und vermengen Sie alles gut. In einer anderen Schüssel vermischen Sie Mehl, Äpfel und Backpulver. Geben Sie nun nach und nach die flüssigen Zutaten in die trockenen und mischen Sie alles gut. Fetten Sie Muffinformen und füllen Sie kleine Portionen hinein. Backen Sie die Hundemuffins 10-15 Minuten.

7. Tante Ernas Hundekuchen

2 ½ Tassen	Weizenmehl
½ Tasse	Milchpulver
1 Teel.	Knoblauchpulver
1	geschlagenes Ei

Aroma: Abgetropfte Brühe oder Wasser aus einer Thunfischdose

Mischen Sie Mehl, Milchpulver und Knoblauchpulver in einer Schüssel. Fügen Sie das geschlagene Ei und das Aroma hinzu und mischen Sie alles gut. Der Teig sollte sehr steif sein.

Rollen Sie den Teig auf einer bemehlten Arbeitsfläche etwa 1 cm dick aus. Mit Plätzchenformen können Sie die Hundekekse ausstechen. Legen Sie die Kekse auf ein mit Backpapier ausgelegtes Blech und backen Sie sie im auf 175 Grad vorgeheizten Ofen etwa 25 Minuten lang.

8. Hundekekse aus Babynahrung

3 Gläschen	Babynahrung mit Fleisch
¼ Tasse	Weizenkeime
¼ Tasse	Milchpulver

Vermischen Sie alle Zutaten und formen Sie aus dem Teig kleine runde Bälle, die Sie auf ein gefettetes Backblech legen. Drücken Sie die Bällchen mit einer Gabel etwas flach und lassen Sie sie in einem auf 175 Grad vorgeheizten Ofen 15 Minuten lang backen. Lassen Sie die Kekse auf einem Backrost auskühlen. Im Kühlschrank aufbewahren. Die Hundekekse können auch eingefroren werden.

9. Schinken-Cracker

3 Tassen	Weizenmehl
½ Tasse	Milch
1	Ei
¼ Tasse	Schinkenfett oder Pflanzenöl
1 Teel.	Knoblauchpulver
4 Scheiben	zerkleinerter Kochschinken
½ Tasse	kaltes Wasser

Vermengen Sie die Zutaten gründlich. Den Teig auf einer bemehlten Oberfläche etwa 1 cm dich ausrollen. In Stücke schneiden und im 175 Grad vorgeheizten Ofen 35-40 Minuten backen.

10. Schinken-Leckerli

6 Scheiben	zerkleinerter Kochschinken
4	geschlagene Eier
1/8 Tasse	Schinkenfett
1 Tasse	Wasser
2 Tassen	Weizenmehl
½ Tasse	Milchpulver
2 Tassen	Weizenkeime
½ Tasse	Maismehl

Mischen Sie alle Zutaten gut durch. Platzieren Sie mit einem Esslöffel kleine Teigportionen auf ein gefettetes Blech. Ofen auf 175 Grad vorheizen. Die Leckerli 15 Minuten backen lassen, dann den Ofen ausschalten und die Leckerli im geschlossenen Ofen über Nacht trocknen und auskühlen lassen.

11. Hunde-Bagel

1 Tasse	Weizenmehl
1 Tasse	Vollkornmehl
1 Päckchen	Trockenhefe
1 Tasse	Hühnerbrühe, warm
1 Essl.	Honig

Heizen Sie den Ofen auf 175 Grad vor.
Geben Sie das Weizenmehl und die Trockenhefe in eine große Schüssel. Geben Sie 2/3 der warmen Hühnerbrühe hinzu und verkneten Sie alles ca. 3 Minuten lang. Geben Sie nach und nach das Vollkornmehl hinzu. Kneten Sie den Teig ein paar Minuten bis er schön weich und feucht ist, nicht nass. Verwenden Sie gegebenenfalls Die restliche Brühe.

Legen Sie ein Tuch über die Schüssel und lassen Sie den Teig 10 Minuten gehen. Teilen Sie den Teig in 15-20 Stücke und rollen Sie kleine Kugeln daraus. Formen Sie mit einem Finger ein Loch in der Mitte und formen Sie einen Bagel.
Legen Sie die Bagels auf ein mit Backpapier ausgelegtes Blech und lassen Sie den Teig nochmals 10 Minuten gehen. Bakchen Sie die Bagels 25 Minuten im Backofen. Dann den Ofen ausschalten und die Bagels im Ofen abkühlen lassen.

12. Graupen-Brownies

600 g	Rindfleisch- oder Hühnchenleber
2 Tassen	Weizenkeime
2 Essl.	Weizenmehl
1 Tasse	gekochte Graupen
2	Eier
3 Teel.	Erdnussbutter
1	Knoblauchzehe
1 Essl.	Olivenöl
eine Prise	Salz (wahlweise)

Heizen Sie den Ofen auf 175 Grad vor.

Pürieren Sie das Fleisch und die Knoblauchzehe mit einem Küchengerät, geben Sie anschließend die Eier und die Erdnussbutter hinzu und vermischen Sie alles gut.

Vermischen Sie in einer anderen Schüssel Weizenmehl, Weizenkleie und die gekochten Graupen. Geben Sie nun die Lebermischung, Olivenöl und eventuell Salz hinzu. Geben Sie den Teig in eine Auflaufform oder ein Tiefes Backblech. Backen Sie die Brownies 20 Minuten und nehmen Sie sie aus dem Ofen.

Wenn Sie abgekühlt sind, die „Kuchen" in kleine Brownie-Stücke schneiden. Sie können die Brownies einige Tage im Kühlschrank aufbewahren.

13. Hunde-Eintopf

4	kleine Pastinaken (oder Kohlrabi)
2	kleine gelbe Kürbisse, gewürfelt
2	Süßkartoffeln, geschält und gewürfelt
2	Zucchini, gewürfelt
5	Tomaten, aus der Dose
1 Dose	Kichererbsen
½ Tasse	Couscous
¼ Tasse	Rosinen
1 Teel.	Gemahlener Koriander
½ Teel.	Kurkuma
½ Teel.	Ingwer
1/3 Teel.	Kreuzkümmel
3 Tassen	Wasser oder Hühnerbrühe

Geben Sie alle Zutaten in einen Topf. Kochen Sie den Eintopf auf und stellen Sie dann die Temperatur herunter, so dass der Eintopf ca. 30 Minuten lang köchelt.

Servieren Sie den Eintopf z.B. über gekochten braunem Reis oder weich gekochten Kartoffeln.

14. Reis- und Rindfleisch Taler

1 Gläschen	Babynahrung, Gemüse oder Rindfleisch
2 ½ Tassen	Mehl
1 Tasse	gekochten Reis
1 Paket	Gelatine
1	Ei
1 Essl.	Pflanzenöl
1 Tasse	Milchpulver
1 Päckchen	Trockenhefe
¼ Tasse	warmes Wasser
1 Würfel	Rindfleischbrühe

Lösen Sie die Gelatine in warmem Wasser auf. Mischen Sie dann Trockenhefe, Mehl, Reis und Milchpulver dazu. Anschließend Babynahrung und aufgelöste Rindfleischbrühe hinzugeben. Gut durchkneten. Die Masse zu einem Ball formen, dann etwa 1 cm dick ausrollen und mit runden Förmchen ausstechen oder in Stücke schneiden.

Die Stücke auf ein mit Backpapier ausgelegtes Blech legen und im vorgeheizten Ofen ca. 30 Minuten lang bei 150 Grad backen. Sie können die Taler im Kühlschrank aufbewahren.

15. Geburtstagskuchen für Hunde

1 ½ Tassen	Mehl
1 ½ Teel.	Backpulver
½ Tasse	weiche Butter
½ Tasse	Maiskeimöl
1 Gläschen	Babynahrung, Fleisch
4	Eier
2 Streifen	getrocknete Rindfleischstreifen (aus dem Tiernahrungsgeschäft)

Heizen Sie den Ofen auf 150 Grad vor. Fetten Sie eine Kastenbackform ein.

Schlagen Sie die Butter schaumig. Dann geben Sie Öl, Babynahrung und Eier hinzu und verrühren alles gut.

Geben Sie die Mehl und Backpulver hinzu und verrühren Sie alles zu einem geschmeidigen Teig. Bröckeln Sie die getrockneten Rindfleischstreifen hinzu und geben Sie den Teig in die Backform. Die Backzeit beträgt 1 Stunde und 10 Minuten. Lassen Sie den Teig auf einem Küchenrost auskühlen. Als Dekoration können Sie als „Glasur" Naturjoghurt oder Hüttenkäse auf dem Kuchen verteilen.

Alles Gute zum Geburtstag!

16. Rindfleisch-Spiralen

3 ½ Tassen	Weizenmehl
1 Tasse	Maismehl
1 Päckchen	Gelatine, ohne Geschmack
¼ Tasse	Milch
1	Ei
¼ Tasse	Maiskeimöl
1 Gläschen	Babynahrung, mit Fleisch
1 Würfel	Rindfleischbrühe
¾ Tasse	kochendes Wasser

Lösen Sie den Würfel Brühe im Wasser auf. Geben Sie das Mehl in eine Schüssel und fügen Sie Milch, Eier, Öl, Babynahrung und Brühe hinzu. Gut verrühren. Den Teig auf einer bemehlten Arbeitsfläche etwa 1 cm dich ausrollen. Dann in 1 cm breit und etwa 8 cm lange Streifen schneiden. Verdrehen Sie die einzelnen Streifen (3 Umdrehungen) und legen Sie dann auf ein mit Backpapier ausgelegtes Küchenblech. Backen Sie die Spiralen 35-40 Minuten bei 200 Grad.

Die Spiralen können Sie einige Tage im Kühlschrank aufbewahren.

17. Hunde-Kekse

1 Tasse	ungekochte Haferflocken
1/3 Tasse	Margarine
1 Essl.	Pulver für Hühnerbrühe
5 ½ Tassen	heißes Wasser
¾ Tasse	Milchpulver
1 Teel.	Knoblauchpulver, optional
¾ Tasse	Maismehl
3 Tassen	Vollkornmehl
1	geschlagenes Ei

Gießen Sie das Wasser über die Haferflocken, Margarine und Hühnerbrühe. Lassen Sie alles 6 Minuten ziehen.

Rühren Sie dann das Milchpulver, Maismehl und Eier hinein. Geben Sie nach und nach das Mehl hinzu. Alles zu einem recht steifen Teig vermengen. Einen ca. 0,5 cm ausrollen und mit einer Plätzchenstecher in Knochenform Kekse ausstechen.

Das ganze bei 175 Grad für 50 Minuten auf einem gefetteten Backblech backen.

18. Hundeeis am Stil

1	reife Banane
½ Tasse	Erdnussbutter
¼ Tasse	Weizenkeime
Mehrere	Hundestangen

Zermatschen Sie die Banane und vermengen Sie sie mit der Erdnussbutter. Die Mischung wie Eis um mehrere Hundestangen verteilen und anschließend durch die Weizenkeime rollen. Mindestens eine Stunde in der Tiefkühltruhe einfrieren lassen.

19. Knochen à la Bonanza

250 g	Rinderhack, ungekocht
¼ Tasse	Hähnchenbrühe
1/3 Tasse	schwarze Bohnen, gekocht und gestampft
1/3 Tasse	Hüttenkäse
1 Teel.	Soja-Sauce

Vermengen Sie das Rinderhack und die Hähnchenbrühe in einer Schüssel. Geben Sie dann die Bohnen, den Hüttenkäse und die Soja-Sauce hinzu. Formen Sie die Masse in kleine Knochen und legen Sie auf ein mit Backpapier ausgelegtes Backblech. Backen Sie die „Knochen" 45 Minuten lang bei 175 Grad im Backofen.

Vor dem Servieren abkühlen lassen.

20. Hunde-Röllchen

3 ½ Tassen	Vollkornmehl
2 Tassen	Haferflocken
1 Tasse	Milch
½ Tasse	heißes Wasser
2 Würfel	Rinder- oder Hühnerbouillon
½ Tasse	Fleischflüssigkeit

Lösen Sie die beiden Bouillon-Würfel in dem heißen Wasser auf. Geben Sie Milch und Bratenflüssigkeit hinzu und rühren Sie alles gut um.

Vermischen Sie in einer anderen Vollkornmehl und Haferflocken. Geben Sie die oben gemischte Brühe in die trockenen Zutaten und vermischen Sie alles gut. Formen Sie den entstanden Teig in kleine hundegerechte Röllchen. Alles etwa 1 Stunde bei 150 Grad backen. Dann den Backofen abstellen, aber die Röllchen im Ofen abkühlen lassen, so dass sie schön kross werden.

21. Wau-Wau-Plätzchen

2 ½ Tassen	Vollkornmehl
½ Tasse	Weizenkeime
½ Tasse	Milchpulver
¼ Teel.	Salz
8 Essl.	Margarine
1	geschlagenes Ei
1 Teel.	brauner Zucker
2 Essl.	Hühner- oder Rindfleischbrühe
½	Eiswasser
6 Scheiben	gekochter Schinken, in kleine Stücke geschnitten
½ Tasse	geriebenen Cheddar-Käse (optional)

Mischen Sie in einer großen Schüssel alle Zutaten und kneten Sie sie zu einem geschmeidigen Teig. Rollen Sie den Teig auf einer bemehlten Arbeitsfläche aus und stechen Sie mit Förmchen die Plätzchen aus. Legen Sie die Leckerlis auf ein gefettetes Backblech und backen Sie die Plätzchen bei 175 Grad 20-25 Minuten im Backofen.

22. Plätzchen für Leckermäuler

¾ Tasse	Hühner- oder Rindfleischbrühe
1	Ei
3 Essl.	Pflanzenöl
1 Tasse	Weizenmehl
1 Tasse	Vollkornmehl
1/3 Tasse	Weizenkeime
1/3 Tasse	Haferflocken
¼ Tasse	Milchpulver
¼ Teel.	Knoblauchpulver, optional
1 ½ Teel.	Trockenhefe

Alle Zutaten in eine große Schüssel geben und zu einem Teig verrühren. Den Teig 30 Minuten an einem warmen Ort gehen lassen.

Teig ausrollen. Stechen Sie mit Förmchen verschieden Plätzchenformen aus. Nochmals 20 Minuten gehen lassen.

Anschließend die Plätzchen bei 175 Grad ca. 20 Minuten backen und dann gut abkühlen lassen.

23. Bonbons für den guten Atem

1 ½ Tassen	Vollkornmehl
1 ½ Tassen	Fertigbackmischung Brot (inklusive Trockenhefe)
½ Tasse	Pfefferminzblätter (frisch oder getr.)
¼ Tasse	Milch
4 Essl.	Margarine
1	Ei
1 ½ Essl.	Ahorn- oder Maissirup

Mischen Sie alle Zutaten in einer Küchenmaschine oder per Hand. Sie können nun kleine runde Kugeln formen und diese leicht abflachen, so erhalten Sie eine Bonbon-Form. Sie können den Teig auch einer bemehlten Fläche ausrollen (ca. 1-2 cm dick) und mit Förmchen ausstechen.

Legen Sie die Bonbons auf ein mit Backpapier ausgelegtes Backblech und backen Sie alles 20 Minuten lang bei 175 Grad.

Auskühlen lassen und in einem luftdichten Behälter aufbewahren.

24. Plätzchen: „Für meinen besten Kumpel und mich"

1 Tasse	Vollkornmehl
½ Tasse	Weizenmehl
¾ Tasse	Milchpulver
½ Tasse	Haferflocken
½ Tasse	Maismehl
1 Teel.	Zucker
1	Ei, geschlagen
½ Tasse	Rinderbrühe

Alle Zutaten in einer Schüssel gut vermengen und gut durchkneten (ca. 5 Minuten). Anschließend den Teig ca. 1 cm dick ausrollen und mit Förmchen ausstechen und auf ein gefettetes Backblech legen.

Bei 175 Grad 15-20 Minuten lang backen. Anschließend auskühlen lassen und in einem luftdichte Behälter aufbewahren.

25. Bananen-Bissen

2 ¼ Tassen	Vollkornmehl
½ Tasse	Milchpulver
1	Ei
1/3 Tasse	Banane, geschält und zerdrückt
¼ Tasse	Pflanzenöl
1 Würfel	Rinderbrühe
½ Tasse	heißes Wasser
1 Esslöffel	brauner Zucker

Mischen Sie alle Zutaten mit einem Rührgerät in einer Schüssel. Anschließend noch 2 Minuten auf einer bemehlten Arbeitsfläche mit den Händen durchkneten. Den Teig ca. 0,5 cm dick ausrollen und mit Förmchen ausstechen. Bei 150 Grad etwa 30 Minuten lang im vorgeheizten Ofen backen.

26. Brownies für „süße" Hunde

½ Tasse	Pflanzenfett, weich
3 Essl.	Honig
4	Eier
1 Teel.	Vanillepulver
1 Tasse	Vollkornmehl
¼ Tasse	Maismehl
½ Teel.	Backpulver

„Zuckerguss"

350 g	Mager-Frischkäse
2 Teel.	Honig

Verrühren Sie das weiche Pflanzenfett mit dem Honig. Anschließend die anderen Zutaten hinzugeben und vermengen. Die Menge in eine gefettete Auflauf- oder Brownieform geben und bei 175 Grad ca. 25 Minuten lang im vorgeheizten Ofen backen. Herausnehmen und ganz auskühlen lassen.

Zuckerguss: Vermischen Sie den Frischkäse und den Honig. Anschließend auf den abgekühlten Brownies verteilen. Schneiden Sie die Brownies in kleine Stücke und holen Sie sie dann aus der Form.

27. Möhrenkuchen

2 Tassen	Möhren, weich gekocht und püriert
2	Eier
2 Tassen	Vollkornmehl
1 Tasse	Haferflocken
¼ Tasse	Weizenkeime

Vermischen Sie Möhren und Eier, anschließend die trockenen Zutaten einrühren und gut vermengen. Den Teig auf einer bemehlten Arbeitsplatte ausrollen und mit Förmchen ausstechen. Im auf 150 Grad vorgeheizten Ofen ca. 45 Minuten backen, bis der Kuchen kross ist. Gut abkühlen lassen.

28. Hundeplätzchen mit Schinkengeschmack

1 ½ Tassen	Vollkornmehl
1 Tasse	Weizenmehl
1 Tasse	Milchpulver, fettarm
1/3 Tasse	Schinkenspeck (auch Rinderfett ist möglich)
1	Ei, leicht geschlagen
1 Tasse	kaltes Wasser

Geben Sie in eine Schüssel Milchpulver, Vollkorn- und Weizenmehl. Geben Sie nach und nach das Fett hinzu, anschließend das Ei und das Wasser. Alles gut vermischen. Den Teig auf einer bemehlten Arbeitsplatte ausrollen, mit Förmchen ausstechen und auf ein gefettetes Backblech legen. Im auf 175 Grad vorgeheizten Ofen 50-60 Minuten backen, bis die Plätzchen kross sind. Gut abkühlen lassen.

29. Hundeplätzchen mit Knoblauchgeschmack

½ Tasse	Milchpulver, fettarm
1	Ei, geschlagen
1 ¼ Tassen	Vollkornmehl
1 ¼ Tassen	Weizenmehl
½ Teel.	Zwiebelsalz
1 ½ Teel.	Brauner Zucker
½ Tasse	Wasser
6 Essl.	Bratensauce
2 Gläschen	Babynahrung, Rind, Schwein, Huhn

Geben Sie alle Zutaten in eine Schüssel und kneten Sie per Hand alles gut durch. Den Teig auf einer bemehlten Arbeitsplatte ausrollen, mit Förmchen ausstechen und auf ein gefettetes Backblech legen. Im auf 150 Grad vorgeheizten Ofen 25-30 Minuten backen. Gut abkühlen lassen.

30. Fleisch- und Getreidemahlzeit

2 Tassen	Naturreis (braun)
2/3 Tasse	mageres Rindfleisch
1 Teel.	Schmalz oder Pflanzenöl
¼ Tasse	Gemüse (keine Zwiebeln!)

Kochen Sie den Reis und das Fleisch in verschiedenen Töpfen. Anschließend alle Zutaten Mischung und noch leicht warm servieren.

31. Johannisbrot-Ecken

2 ¼ Tassen	Vollkornmehl
1	Ei
¼ Tasse	Apfelmus
¼ Tasse	Pflanzenöl
½ Tasse	heiße, fertige Hühner- oder Rinderbrühe
1 Essl.	Honig
1 Essl.	Melasse/Sirup
1 Tasse	Johannisbrot-Stücke

Mischen Sie alle Zutaten (außer Johannisbrot) in einer Schüssel zusammen. Kneten Sie den Teig 2 Minuten lang auf einer bemehlten Arbeitsfläche. Rollen Sie den Teig auf und in maulgerechte Dreiecke schneiden. Die Ecken auf ein gefettetes Backblech legen und 30 Minuten lang bei 150 Grad im Ofen backen.

Schmelzen Sie die Johannisbrot-Stücke in einem Topf und tunken Sie die kalten Ecken hinein.

32. Champion-Käse-Cracker

½ Tasse	geriebener Käse, Raumtemperatur
3 Essl.	Pflanzenöl
3 Essl.	Apfelmus
½ Tasse	Gemüse (keine Zwiebeln)
1 Tasse	Vollkornmehl
etwas	fettarme Milch

Mischen Sie Käse, Öl und Apfelmus. Rühren Sie alles gut durch bevor Sie alle anderen Zutaten hinzugeben. Den Teig gut durchkneten und dann auf einer bemehlten Arbeitsfläche ausrollen. Mit Förmchen ausstechen und auf ein gefettetes Backblech legen. Backen Sie die Cracker 15 Minuten lang bei 175 Grad, bis sie schön braun sind. Gut auskühlen lassen.

33. Hundeplätzchen mit Käse und Schinken

¾ Tasse	Vollkornmehl
½ Teel.	Backpulver
½ Teel.	Salz
2/3 Tasse	Butter
2/3 Tasse	brauner Zucker
1	Ei
1 Teel.	Vanille-Extrakt
1 ½ Tassen	Haferflocken
1 Tasse	Cheddar-Käse, gerieben
½ Tasse	Weizenkeime
230g	Schinkenstücke

Vermengen Mehl, Backpulver und Salz in einer Schüssel und stellen Sie sie beiseite. Schlagen Sie Butter, Zucker, Ei und Vanille-Extrakt cremig. Mischen Sie dann das Mehl unter und rühren Sie gut um. Anschließend Käse, Haferflocken und Schinken hinzugeben. Legen Sie Backpapier auf ein Backblech und geben Sie löffelweise den Teig auf das Papier.

Backen Sie die Plätzchen bei 150 Grad für 15-20 Minuten. Lassen Sie die Plätzchen gut abkühlen, bevor sich Ihr Liebling darauf stürzen kann.

34. Hundeplätzchen mit Käse

1 Tasse	Weizenmehl
1 Tasse	Cheddar-Käse, gerieben
1 Essl.	weiche Butter
½ Tasse	Milch

Mischen Sie zuerst das Mehl und den Käse mischen, anschließend weiche Butter unterrühren. Dann nach und nach die Milch hinzufügen, bis Sie einen glatten Teig haben. Kneten Sie den Teig auf einer bemehlten Arbeitsfläche einige Minuten durch. Rollen Sie den Teig aus, mit Förmchen ausstechen und auf ein gefettetes Backblech legen. Backen Sie die Plätzchen bei 150 Grad 15 Minuten lang. Lassen Sie die Plätzchen im geschlossenen Ofen auskühlen, dann werden sie sehr knusprig.

35. Käse-Möhren-Muffins

1 Tasse	Weizenmehl
1 Tasse	Vollkornmehl
1 Essl.	Backpulver
1 Tasse	Cheddar-Käse, gerieben
1 Tasse	geriebenen Möhren
2	große Eier
1-2 Essl.	Pflanzenöl
1 Tasse	Milch

Heizen Sie den Ofen auf 150 Grad vor.

Fetten Sie die Muffinform ein oder benutzen legen Sie Muffinpapier in die Formen. Vermischen Sie Backpulver, Vollkorn- und Weizenmehl. Anschließend Käse und Möhren hinzufügen und mit den Händen gut vermischen. In einer anderen Schüssel die Eier aufschlagen und danach Pflanzenöl und Milch einrühren. Das alles vorsichtig über die Mehlmischung und gut vermengen. Die Muffinformen gut halb füllen und 20-25 Minuten backen.

Lassen Sie die Muffins komplett auskühlen, bevor Sie sie Ihrem Hund geben. Einen halben Muffin für Welpen und kleine Hunde, einen ganzen Muffin für mittlere und große Hunde.

36. Hundepizza mit Käse

Teig:
2 Tassen	Weizenmehl
1 ¼ Tassen	Vollkornmehl
¼ Tasse	Olivenöl
1	Ei
1 Tasse	Wasser
1 Teel.	Backpulver

Belag:
1	Tomate
1 Tasse	Tomatenmark
¼ Tasse	Parmesankäse, gerieben
½ Teel.	Oregano
½ Teel.	Basilikumgewürz
2/3 Tasse	gekochten, braunen Reis

Teig:
Vermischen Sie alle Zutaten und kneten Sie den Teig auf einer bemehlten Oberfläche gut durch. Rollen Sie den Teig rund aus und legen Sie ihn auf ein gefettetes Backblech oder benutzen Sie eine Pizzabackform.

Belag:
Mixen Sie mit einer Küchenmaschine die Tomate und das Tomatenmark. Löffeln Sie die Sauce auf die Pizza und verteilen Sie sie. Verteilen Sie den Käse und die Gewürze gleichmäßig.

Backen Sie die Pizza bei 180 Grad etwa 25 Minuten lang. Nehmen Sie die Pizza aus dem Ofen, verteilen Sie den gekochten Reis und backen Sie sie nochmals 25 Minuten.

Gut abkühlen lasse und in maulgerechte Stücke schneiden.

37. Hähnchen-Geburtstagskuchen

Auch wenn Sie bei dieser Art von Geburtstagskuchen eher schütteln würden, Ihr Vierbeiner wird es lieben.

1 Würfel	Hähnchenbrühe
1 Tasse	Vollkornmehl
2 Tassen	Weizenkeime
½ Tasse	Maismehl
2	Eier
½ Tasse	Pflanzenöl
1 Essl.	gehackter Knoblauch
2 Tassen	heißes Wasser
Etwas	Knoblauch-Pflanzenöl

Den Ofen auf 175 Grad vorheizen. Lösen Sie den Würfel Hähnchenbrühe in etwas Wasser auf. Mischen Sie nun Mehl, Weizenkeime, Maismehl, Eier, Öl, Knoblauch und Wasser hinzu und verarbeiten Sie alles zu einem glatten Teig.

Rollen Sie den Teig in zwei gleich große „Minipizzen" aus und backen Sie für 50 Minuten. Aus dem Ofen nehmen und auskühlen lassen.

Legen Sie den ersten runden Kuchen auf einen Teller, füllen Sie mit einem Löffel eine dünne Schicht des Lieblings-Hundefutters darauf und legen Sie oben den zweiten Kuchen darauf. Anschließend in Stücke schneiden.

38. Kräftige Hähnchen-Suppe

2	Hähnchenschenkel
1	Stange Sellerie
3	Möhren, geschält und in Hälften geschnitten
2	kleine Kartoffeln
2 Tassen	Reis, ungekocht

Legen Sie die Hähnchenschenkel in einen großen Topf und bedecken Sie sie mit kaltem Wasser. Geben Sie die Möhren, den Sellerie und die Kartoffeln hinzu. Legen Sie einen Deckel auf den Topf und lassen Sie alles ca. 2 Stunden köcheln, bis alles weich ist. Geben Sie den Reis hinzu und lassen alles nochmals 30 Minuten offen kochen, bis der Reis weich und das Wasser weitestgehend verdampft ist.

Nehmen Sie die Suppe vom Ofen und lösen Sie das Hähnchenfleisch vom Knochen und werfen Sie die Knochen weg. Alles nochmals gut umrühren und kalt werden lassen.

39. Rinder-Eintopf

1 Essl.	Olivenöl
450 g	fettarmes Rinderfleisch
2 Tassen	Weißkohl, geschnitten
500 g	Süßkartoffeln aus dem Glas oder der Dose, geschnitten
450 g	Tomaten aus der Dose, abgetropft
1 ½ Tassen	Tomatensaft
¾ Tasse	Apfelsaft
1 Teel.	Ingwerwurzel, gerieben
2 Tasse	grüne Bohnen, geschnitten
2 Teel.	Erdnussbutter
6 Tassen	gekochter, brauner Reis

Erhitzen Sie das Öl in einer großen Bratpfanne oder einem Topf bei hoher Temperatur und braten Sie darin das Fleisch an. Anschließend Kohl hinzugeben und ca. 5 Minuten unter Rühren garen. Dann die Tomaten, Kartoffeln, Tomatensaft, Apfelsaft und Ingwerwurzel hinzugeben.

Die Platte auf mittlere Hitze zurückstellen und alles etwa sechs Minuten zugedeckt köcheln lassen. Die grünen Bohnen hineingeben und nachmals fünf Minuten ohne Deckel kochen lassen. Zum Schluss noch die Erdnussbutter hinzugeben und auflösen lassen. Alles abkühlen lassen und dann den Eintopf über den gekochten Reis löffeln.

40. Fruchtige Hundeplätzchen

4 Tassen	Vollkornmehl
¼ Tasse	Maismehl
¼ Tasse	gekochten, braunen Reis
1	Ei
2 Essl.	Pflanzenöl
	Saft einer Orange
1 ½ Tassen	Wasser

Mischen Sie alle Zutaten in einer Schüssel. Manche Hunde mögen auch Orangenstücke, die können Sie bei Bedarf auch hinzu geben. Den Teig aus der Schüssel nehmen und auf einer bemehlten Fläche kneten. Anschließend ausrollen und mit Förmchen ausstechen. 30-40 Minuten lang bei 175 Grad backen.

41. Süße Zimt-Muffins

2 ½ Tassen	Maismehl
1 ½ Tassen	Weizenmehl
2 Essl.	Pflanzenöl
2/3 Tasse	Honig
1	Ei
½ Teel.	Backpulver
½ Teel.	Zimt
½ Teel.	Muskatnuss-Pulver
1	kleiner Apfel
1 1/3 Tasse	Wasser
½ Tasse	Haferflocken

Den Ofen auf 150 Grad vorheizen. Mischen Sie alle Zutaten (außer den Apfel und die Haferflocken) in einer Schüssel und vermischen Sie sie mit einem Knethaken. Anschließen den Apfel in den Teig raspeln.

Fetten Sie eine Muffins-Form ein oder füllen Sie sie mit Papierförmchen. Anschließend den Teig mit Löffeln in die Formen geben, ca. halb voll. Die Haferflocken darüber streuen und alles 40 Minuten backen.

42. „Göttliche" Hunde-Mahlzeit

200 g	gemahlenes Rindfleisch, oder Lamm oder Hähnchen
¼ Tasse	gekochter, brauner Reis
1	kleine Kartoffel
¼ Tasse	grüne Bohnen (5-8 Stück)

Das Fleisch in einer Pfanne anbräunen. Wenn es durchgebraten ist, das Fett abgießen und den Reis hinzufügen. Gut umrühren und Beiseite stellen. Schneiden Sie Kartoffel und die Bohnen in kleine Stücke. Legen Sie sie in einen Topf mit warmem Wasser und bringen Sie alles zum Kochen. Etwa 15-20 Minuten köcheln lassen, bis alles weich ist. Das Wasser abgießen und das Gemüse in die Fleischpfanne geben. Alles bei geringer Hitze mehrmals umrühren. Die Mahlzeit gut abkühlen lassen.

Ergibt etwa zwei Mahlzeiten.

43. Gaumenkitzler

1	reife Banane
½ Tasse	Erdnussbutter
¼ Tasse	Weizenkeime
¼ Tasse	ungesalzene Nüsse, klein gehackt

Zerdrücken Sie in einer kleinen Schüssel die Banane und mischen Sie mit der Gabel die Erdnussbutter bei. Anschließend die Weizenkeime hinzugeben und im Kühlschrank eine Stunde kühlen, bis die Masse fest ist. Anschließend mit den Händen kleine Kugeln rollen. Die Kugeln in den gehackten Nüssen rollen, so dass sie damit überzogen werden. Nochmals im Kühlschrank kühlen und für später im Gefrierfach einfrieren.

Machen Sie ruhig die doppelte Menge, denn so etwas schmeckt auch den Zweibeinern!

44. Mini-Kuchen für Hunde und Katzen

2 Tassen	Vollkornmehl
½ Tasse	Sojamehl
1 Tasse	fettarme Milch (für Katzen Wasser)
1 Teel.	Honig
1 Teel.	Rapsöl (oder Sonnenblumenöl)
1 Prise	Salz

Mischen Sie zuerst die trockenen Zutaten. Danach die Honig und Milch hinzufügen. Gut durchmischen und den Teig an einem warmen Ort 15 Minuten gehen lassen. Danach Öl hinzufügen und gut vermischen. Nochmals für 30 Minuten gehen lassen. Formen Sie walnussgroße Bällchen und drücken Sie diese dann zu Mini-Kuchen.

Für ca. 30 Minuten bei 190 Grad im Ofen backen.

45. Knochenplätzchen

2 ¼ Tassen	Vollkornmehl
½ Tasse	Milchpulver
1	Ei
½ Tasse	Pflanzenöl
1 Würfel	Rinderbrühe
½ Tasse	heißes Wasser
1 Teel.	brauner Zucker

Den Backofen auf 175 Grad vorheizen.

Vermischen Sie in einer Schüssel alle Zutaten und kneten Sie sie anschließend mit der Hand ca. 2 Minuten durch.

Den Teig auf einer bemehlten Fläche aus rollen (ca. 0.5 cm) und mit einem Förmchen in Knochenform ausstechen.

Die „Knochen" ca. 30 Minuten lang backen und anschließend auskühlen lassen.

46. Hundeplätzchen mit Rindgeschmack

1 Tasse	Rinderbrühe oder Rinderfond
1 Tasse	Weizenmehl
1 Tasse	Vollkorn- oder Roggenmehl
1 Tasse	Haferflocken
¼ Tasse	Trockenmilch
½ Teel.	Salz
1 ½ Teel.	Trockenhefe

Vermengen Sie alle Zutaten in einer Küchenmaschine oder per Hand. Rollen Sie den Teig aus und stechen Sie mit Förmchen Plätzchen aus. Legen Sie die Plätzchen auf ein mit Backpapier ausgelegtes Backblech. Legen Sie ein sauberes Spültuch darüber und lassen Sie den Teig an einem warmen Ort 45 Minuten gehen.

Heizen Sie den Ofen auf 150 Grad vor und backen Sie die Plätzchen 45 Minuten lang. Den Ofen ausstellen und die Plätzchen für einige Stunden im Ofen auskühlen lassen. So werden sie schön hart.

Verwahren Sie die Plätzchen in luftdichten Behältern auf.

47. Hundeplätzchen mit Hähnchengeschmack

2 Tassen   Vollkornmehl
2/3 Tassen   Maismehl
½ Tasse   Sonnenblumenkerne
2 Essl.   Maisöl
½ Tasse   Hähnchenbrühe
2   Eier
¼ Tasse   Trockenmilch
¼ Tasse   fettarme Milch

Den Ofen auf 175 Grad vorheizen.
Mischen Sie in einer großen Schüssel die Mehle und Sonnenblumenkerne zusammen. Fügen Sie Öl, Brühe und Eier dazu. Der Teig sollte schön fest sein. Lassen Sie ihn 15-20 Minuten ruhen.

Auf einer bemehlten Arbeitsfläche den Teig ausrollen und mit einem Messer oder Förmchen die Plätzchen gestalten. Die Plätzchen 25-35 Minuten backen lassen, bis sie schön braun sind.

Gut auskühlen lassen, bevor Sie sie servieren. In luftdichten Behältnissen aufbewahren.

48. Plätzchen für den Heißhunger

3 Tassen	Vollkornmehl
1 Teel.	Knoblauchsalz
½ Tasse	Butter
1 Tasse	geriebenen Käse
1	Ei, leicht geschlagen
1 Tasse	Milch

Heizen Sie den Ofen auf 200 Grad vor.

Vermischen Sie Mehl und Knoblauchsalz in einer großen Schüssel. Rühren Sie die Butter in kleinen Stücken ein, dann Käse und das Ei hinzugeben. Nach und nach Milch hinzu geben, bis Sie einen festen Teig haben. Den Teig gut auf einer bemehlten Arbeitsfläche durchkneten und ausrollen.

Schneiden Sie mit Knochen-Plätzchenformen den Teig aus und legen Sie die Plätzchen auf ein gefettetes Backblech. Backen Sie die „Knochen" etwa 15 Minuten bis sie braun sind. Abkühlen lassen und servieren.

Wie wär's mit einer Fährtensuche oder einem Training zum Erlernen neuer Kommandos. Da sind diese Plätzchen (klein geschnitten) die richtige Belohnung.

49. Gesundes Hunde-Pulver

1 Tasse	Bierhefe
1 Tasse	Knochenmehl
½ Tasse	Seetang-Pulver
½ Tasse	alfalfa-Pulver

Mischen Sie alles zusammen und füllen Sie es in einen luftdichten Behälter. Im Kühlschrank oder Gefrierfach aufbewahren.

Mischen Sie einen Esslöffel des Pulvers pro Tag unter das Futter.

50 „Knochen" mit Haferflocken

1 Tasse	Weizenmehl
1 Tasse	Vollkornmehl
½ Tasse	Haferflocken
½ Tasse	Trockenmilch
3 Essl.	Butter
1 Teel.	Brauner Zucker
1 Teel.	Salz
1	Ei
1/3 Tasse	Wasser

Heizen Sie den Ofen auf 175 Grad vor.

Mischen Sie in einer großen Schüssel beide Mehlsorten, Haferflocken, Trockenmilch, Butter, brauner Zucker und Salz zu einer krümeligen Masse. Danach das Ei und das Wasser hinzu geben und vermischen.

Kneten Sie den Teig auf einer bemehlten Arbeitsfläche für einige Minuten. Rollen Sie den Teig aus und stechen Sie mit „Knochen-Förmchen" die Plätzchen aus. Legen Sie die Plätzchen auf ein mit Backpapier ausgelegtes Backblech und backen Sie alles 25-30 Minuten.
Gut auskühlen lassen.

Extra: Hunde-Quiche

4	Eier
1 Essl.	Sahne
2/3 Tasse	fettarme Milch
90g	Fleisch (egal welche Sorte, aber es sollte klein geschnitten und abgekocht sein)
60g	geriebener Käse (z.B. Cheddar)
1	fertigen Quiche-Boden
1 Essl.	gehacktes Petersilie

Heizen Sie den Ofen auf 180 Grad vor.

Schlagen Sie das Ei auf und mischen Sie es mit Milch und Sahne. Die Mischung in die Quiche-Form (Pie-Form) geben. Darauf das Fleisch und den Käse gleichmäßig verteilen. Die Quiche ca. 40 Minuten backen und anschließend abkühlen lassen.

Zum Schluss mit frischer Petersilie dekorieren und stückchenweise servieren.

Vielen Dank für den Kauf dieses Buches.

Bitte besuchen Sie mich online oder kontaktieren Sie mich

Website: www.hunde-leckerli.com
Twitter: https://twitter.com/TierischeTipps
Mail: hunde-leckerli@gmx.de

Über die Autorin

Nina Schwarz ist seit ihrem 16. Lebensjahr als Journalistin und Redakteurin tätig. Zuerst als freie Mitarbeiterin bei einer Zeitung und danach bei Internet-Portalen. Seit einigen Jahren ist sie als Internet-Projektmanagerin in Berlin tätig.

Sie hat sich spezialisiert auf Online Marketing, mit besonderem Augenmerk auf Kunsthandwerk. Ihr erstes Buch "Internet Guide für Bastelseiten" erschien im Dezember 2003.

Die Kochbücher für Tiere sind entstanden, als einige Haustiere von Freunden und Bekannten empfindlich auf normales Tierfutter reagierten. Ab und zu gab sie die Rezepte in den letzten Jahren an Bekannte weiter, die sie ermutigten, die Rezeptesammlung zu veröffentlichen. Jetzt sind die Hunderezepte sowohl als E-Book als auch als gedruckte Version erschienen.

Neben dem Schreiben ist Nina Schwarz auch in ihren weiteren Hobbys kreativ. Sie erstellt Karten, Schmuck und Schachteln aus Papier und fotografiert.

Weitere Bücher in Planung:

50 Gesunde Katzen-Leckerli
Rezepte für Ihre Samtpfote – Ein Kochbuch